和法

和して無敵のコミュニケーション法

サトー克也

広告業界に入り、

コミュニケーションのプロとして生きること、30数年。

ヒットする広告とは？　勝てるプレゼンとは？

本当に伝わるコミュニケーションとは？　を探し求めてきました。

広告道を極め、コミュニケーション道を極めるためには、

ターゲットとなる『人間』、

舞台となる『この世』、

商品やサービスが関わることとなる『人生』について

造詣を深めなければならないと思いました。

人間というものの本質を知らねばならない。
世の中というものの本質を知らねばならない。
生きるということの本質を知らねばならない。
そのために、哲学、心理学、社会学、古武道、賢者の言葉、
この国の神話にいたるまで、さまざまな角度から、
人、世の中、生きるということを
もう一度、見直してみて、見つけたのが

『人生観が変わる10の本質』。

今までのように、ただ目立つ、ただインパクトだけの広告、

コミュニケーションでは太刀打ちできないと思いました。

「やり方を変えねばならない。」

いや、むしろ「在り方を変えねばならない。」と気づきます。

その『人生観が変わる10の本質』とは、

1

人は体験し、感動するために生まれてくる。

←よって、人は感動にお金を払う。

2

文明は、『無知を既知にする』ために拡がっている。

←よって、人は知らないことを知りたい。

3

この世は、遠心力と求心力。

男女の出会いから物理学まで、この世では、
異質なものがぶつかり合い、時に混ざり合い、
新しいモノを生み出している。
この世は『ムスヒ』により生成、変化している。

4

人生は、選択の連続。

ワクワクは、人生の道先案内人。
ワクワクは、エネルギー。
こっちだよ！と魂からのメッセージ。

5

そう思えば、そうなる。

←想像すると創造される。

6

この世の全ては、中立。それ自体に意味はない。

7

意味づけしているのはジブン。
この世は、己の定義に過ぎない。

8

幸せは、なるものではなく、
見つけるもの。気づくもの。

9

善悪は、人間が創り出した観念。
自然界に善悪は無い。
←
時代の空気は、二元論からの脱却へ。

10

全ての現実は、己の観念の反映、
すなわち『現象我』である。

経験値から、広告は単なる説明では届かない、
単なる紹介では伝わらない。
ココロに響くことで本当に伝わると確信していました。
要するに、人と人のココロをむすび、
人と企業のココロをむすぶことが
広告の仕事であり、コミュニケーションにおいて
大切なのだとは気づいていました。

そして、
『人生観が変わる10の本質』を
知ることで、
ココロに響き、
ココロをむすぶための
秘訣を知ることができました。

では、その秘訣とは？　それは、
相手と和すこと。世間と和すこと。
己と和すこと（それは本当のジブンでいること）。
合気道のように森羅万象と心身合一することにより、
相手の気持ちが分かり、クライアントの本意がわかり、
世間のニーズが分かるようになったのです。
それからというもの、ココロに響くプレゼン、
ココロに響く作品創りができるようになったのだと
感じています（もちろん、まだまだ旅の途中ですが…）。

そんなココロをむすび、ココロを動かす
コミュニケーションメソッドが『和法十則』。
それは、全てと相和して、敵をつくらぬ
無敵のコミュニケーション法です。

1

ワクワクに従って生きる。

人は、日々、選びながら生きてゆく。
人生は、選択の連続。
その時、ワクワクで選択する。
損得で選択しない。
使命感、責任感で選択しない。
仕事が沢山ある時には、
ワクワクするものから手をつけると効率がアップする。
「ワクワクする気持ち」それは心の声、魂の声。

2

人が嫌がることは、しない。

地球は多様性の星。様々な個性がある。
自分にとって良くても、その人にとっては嫌なことがある。
嫌なことは、しっかり嫌と言い、
嫌と言われたら、しっかり謝り、次からしない。
お互いの個性を認め、自由を尊重することで
コミュニティーの「和」は保たれる。

3

愛コトバで話す。

『愛コトバ』それは、「ありがとう」「うれしい」「楽しい」「いいね」「素晴らしい」「大好き」など、自分や相手のココロに花が咲く言葉。

『害コトバ』それは、怒りの言葉、陰口、悪口、卑下する言葉など、誰かのココロを傷つける言葉。

言葉が現実を創る。それが言霊のチカラ。

4

他人のドラマに関わらない。

噂話をしない。ゴシップを言わない。

← 自分のドラマ（人生）に集中する。

← 「他人の目」を気にしない。

「他人の期待」に応えようとしない。

正直に自分を生きる。

5

今ここにいる。

←

先入観を持たない。

あの人も今は別人。

←

後悔しない。（過去）

期待しない。（未来）

憶測しない。（空想）

←

前後裁断

6

直感を大切にする。

直感を働かせるために、
イライラしない。
脳波を安定させる。

←

「ながら」をしない。
行為になりきるとゾーンに入る。
向こう側へ行ける。

7

ジブンLOVE ～ジブンをもっと好きになる～

自己評価を高めれば高めるほど「豊かさ」は入って来るようだ。
確かに自信満々な自信家に、この傾向は見られる。

ジブンを好きになるために
←罪悪感、劣等感を持たない。与えない。
←二元論（善悪、勝ち負け）からの脱却。
自然界に善悪、勝ち負けは存在しない。
人間の創り出した観念に過ぎない。

8

ジブンの運命、全てのタイミングを信じる。

思うようにいかないことも、
実は思うように運んでいる。
一見ブレーキなことも、実はベストタイミング。
「これで、良くなる！」と現状を肯定する。

←

心配でアレコレするのを止め、
全てを手放し、運命の波に、笑顔で乗る。

9

全肯定する。

◀― 全ての事象が中立であるならば、全肯定する。

肯定からは肯定的未来が起こり、

否定からは否定的未来が起こる。

◀― 他人さまを否定しない。批判しない。

10

そして、常に喜びでいる。

今ここに喜びを見つける。

「本当に今、幸せだなぁ…」と実感することにより、

その喜びが次の喜びにつながる。

喜びは喜びを連れて来る。

吾唯足知（吾《われ》、唯《ただ》、足《た》るを知《し》る。）

「現状感謝能力」を培う。

この国の哲学、古武道、神話、賢者の言葉に学んだ、
この『和法十則』は「和を以て貴しと為す」
この国の知恵なのかも知れません。

話法から和法へ。
テクニックからココロへ。
やり方から在り方へ。

『和法十則』

では、ボクの仕事の流れで具体的に見ていきましょう。
広告の仕事は基本、以下のような流れで進みます。

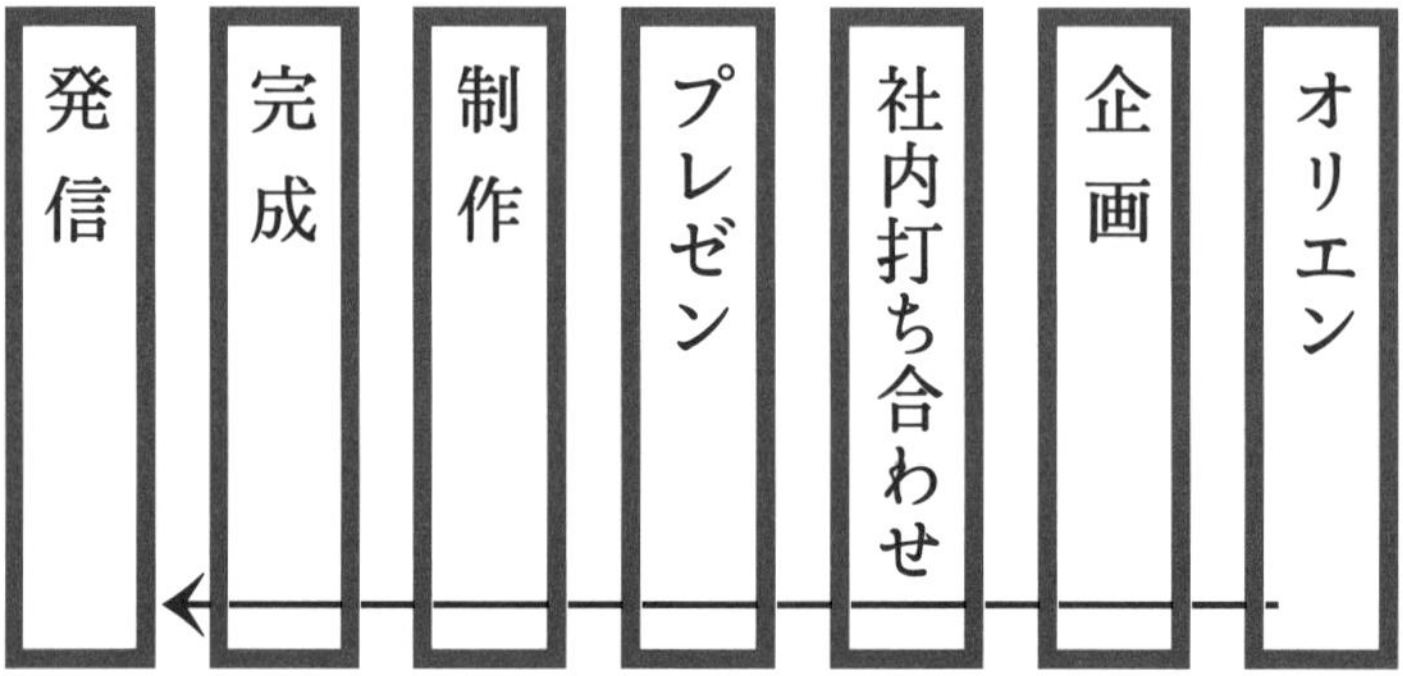

これは、
多くの仕事においても
共通する部分があると思います。
令和の時代、
みなさんの仕事の参考に
なればと思います。

令和を生きる全てのビジネスマンへ、
令和を生きる全てのリーダーたちへ、
令和を生きる全ての人へ。

和法十則

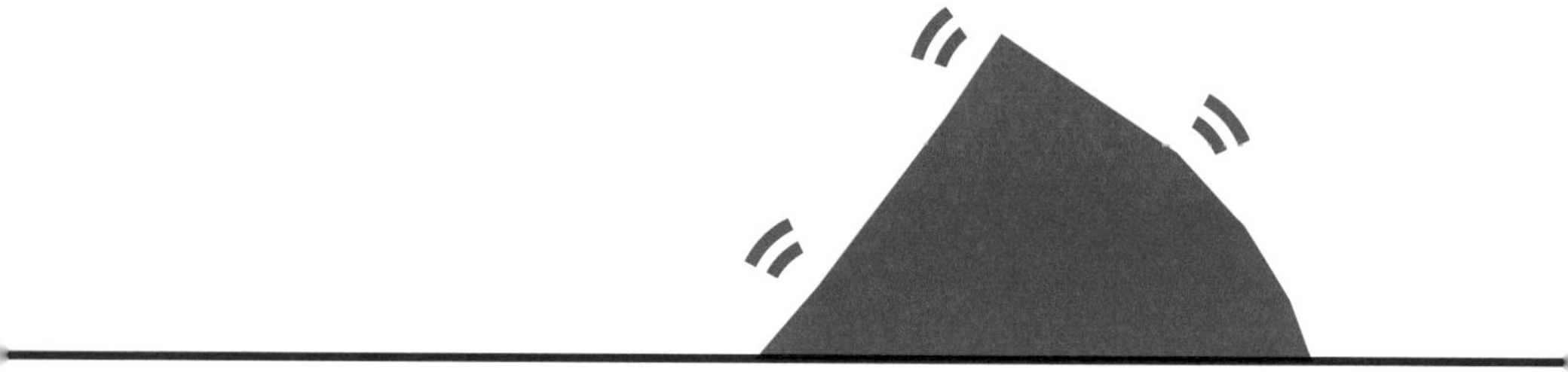

氷山の下が

しっかりしていないと、

あっさりと

流されてしまう。

《和法でいう“在り方”とは》

広告でも、小説でも、料理でも
やり方をマネすれば、テクニックを学べば、
似たようなモノはできる。

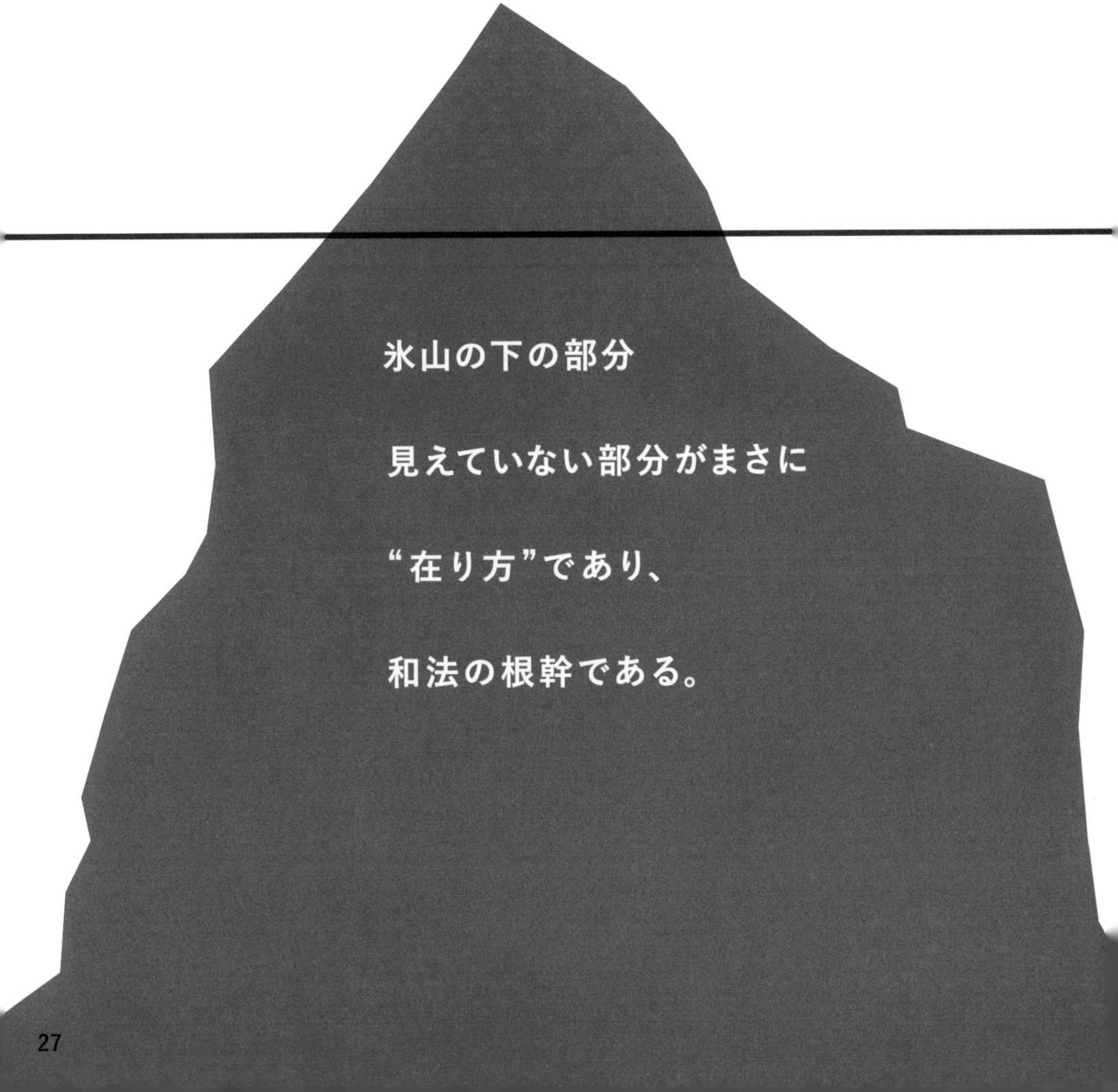
氷山の下の部分
見えていない部分がまさに
“在り方”であり、
和法の根幹である。

和法

あなたが無敵で
あるために。

chapter1

第一章
コミュニケーションの和法
打ち合わせ、プレゼンにおける和法実践

chapter2

第二章
クリエイティブの和法
企画、立案における和法実践
（特に広告において）

chapter3

第三章
在り方の和法
日々の在り方における和法実践

WAHO

コミュニケーションの和法

chapter1chapter1chapter1chapter1chapter1chapter1

ココロに響く
コミュニケーションへ

chapter1chapter1chapter1chapter1chapter1
chapter1chapter1chapter1chapter1chapter1
chapter1chapter1chapter1chapter1chapter1
chapter1chapter1chapter1chapter1chapter1
chapter1chapter1chapter1chapter1chapter1
chapter1chapter1chapter1chapter1chapter1
chapter1chapter1chapter1chapter1chapter1
chapter1chapter1chapter1chapter1chapter1
chapter1chapter1chapter1chapter1cha
chapter1chapter1chapter1chapter
chapter1chapter1chapter1chap
chapter1chapter1chapter1c

第一章 相手と和す。

打ち合わせ、プレゼンにおける和法実践

分かって
あげる。

赤ちゃんは、分かってほしくて、
必死に泣きます。

人は、分かってほしい
生き物なのです。

「いいね」を欲しがるのも、
分かってほしいんですよね。
相手の「分かってほしい！」
というエネルギーを
全て受けとめ反転させて
返してあげると
何倍ものエネルギーとなって、
その打ち合わせ、プロジェクトを
前進させることになります。

聞く時は100パーで聞く。

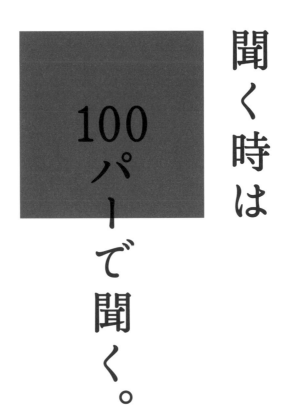

コトバによるコミュニケーションは、
「言うこと」と「聞くこと」で成り立っている。
次に自分の言いたいコトばかり考えていて、
相手の話をよく聞いていないと
コミュニケーションは深まらない。
オリエン時には100%でクライアントの話を
聞くようにしている。すると、直感が湧き、
オリエン時にアイデアが出るコトが多々ある。

スリッパを脱ぐ時には、スリッパを脱ぐ。
食べる時には、食べる。歩く時には、歩く。
これは禅宗の教えにもある。
テレビを見ながら、食べたり
音楽を聴きながら、歩いたりしない。

ながらを止める。

100パー、その行為をする。
100パー、その行為になる。
集中すればするほど、ゾーンに入る。
直感が湧く。アイデアが出る。
「今ここ」と合一することで、
「今ここ」と和することで。

本気で、ほめる。

コミュニケーションの基本は、

ほめればつながる。否定すれば離れる。

相手の発言の良いところを見つけ、
そこを本気でほめる。お世辞は、バレます。
サービス業であれば、お客さんを見て
その人のこだわっているところをほめるといい。
分かってくれる人には、人は心を開くものだから。

長所伸展法

テストの結果、
英語が70点で、理科が20点の子に
理科が20点だったことを責めると、
次のテストで理科が40点になっても英語が50点になる。
英語が70点だったことをほめ、
次はさらにいい点をとるように励ますと
英語が90点になり、理科も50点になる。
そんな話がある。

長所にフォーカスを当てると、短所が消えたり、気にならなくなる。

部下やチームメイトや家族の
長所を見つけ、ほめてあげる。
そうすることで場の空気は良くなり
コミュニケーションは前進する。

広告においても同様、

その企業、商品、サービスが
いかに人を幸せにできるのか？
長所にフォーカスを当て企画する。

するとクライアントも気づいていなかった
自社の長所に気づき、働く勇気、
ヤル気を手にすることとなる。

止まれ
不動産

言葉が現実を創る。

人が嫌がること、傷つくことは言わない。
言葉でココロに花を咲かせる。

人の言葉に勇気をもらうこともある。人の言葉に傷つくこともある。
言葉はエネルギーなのだ。それが言霊のチカラなのだ。
「ありがとう」と言えば「ありがとう」の気持ちになり
また「ありがとう」なコトが起こる。
人を批判すれば、批判される。人を妬めば、妬まれる。

害コトバを口にしない。

怒りの言葉、批判する言葉、卑下する言葉、
すなわち相手を傷つける言葉、相手のココロが離れていく言葉。

愛コトバを口にするよう心掛ける。

「ありがとう」など感謝の言葉、「うれしい！」など喜びの言葉、
そして、ほめ言葉。ようするに相手のココロが近づく言葉。

7

言おう。

コミュニケーションの基本は、
「言うこと」と「聞くこと」。
他人にどう思われたっていいじゃないか。
言わないと伝わらないよ。
察して欲しい、空気を読んで欲しい。
なんて、いつまで待ってても無理かもよ。
言わないで後悔するよりも、
言って後悔する方がマシだと思う。

どんな意見も否定しない。

コミュニケーションの基本は、

「ほめればつながる。否定すれば離れる。」

どんな意見も考え方もあっていいのだ。

否定されるべき意見など無いのだ。

自分と違う意見でも、

「そういう考えもあっていいんだよね…。」

と受けた上で、
自分の考え方をしっかり言おう。

地球は「多様性の星」、
違うから面白い。違うから進化が生まれる。

魔法のコトバ

そうなんですね。

会話をしていると否定したくなる時もある。
相手の意見と違う時もある。
それに対して、真っ向から否定するとケンカにすらなる。
そんな時の魔法のコトバが

「そうなんですね。」

あるお寿司屋さんの大将が言っていたコトバ。
お客さんの意見に対して、否定も肯定もしていない。
さんざん人の悪口を言っている人に賛成しちゃうと
火に油を注ぐことになるが、このコトバだと中庸なので、
お客さんのエスカレートする悪口もいつの間にか止んだ。

残り99の感謝

ある1つの失敗に対して、部下やスタッフに
注意をしなければならない時がある。
その1つの失敗だけを見て、イラついて話すのではなく、
残り99の感謝を添えて、注意を促す。
「いつも本当に良くやってくれてるよな、ありがとう。
もう分かっているだろうけど、次からは○○○を気をつけてね。」と…。

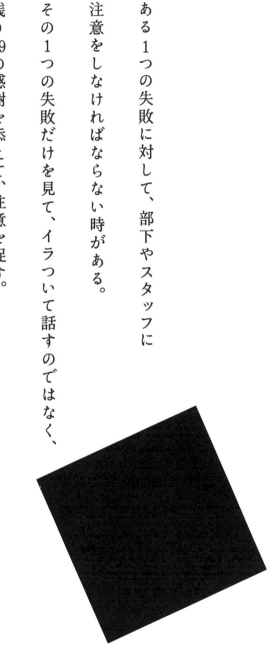

謝ることが出来る人になろう。

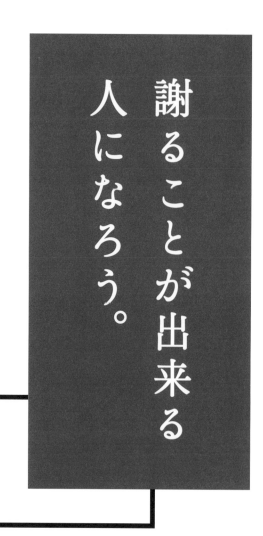

この世で大事なのは、

「人の嫌がるコトはしない。」

この世のコミュニケーションで大事なのは、

「人の嫌がるコトを言わない。」

しかし、人の嫌がるポイントって、人によって千差万別。

時に地雷を踏むコトもある。

そんな時は、素直に謝ろう。しっかり謝ろう。

謝るのは負けではない、感謝の「謝」であり、
相手を思いやる行為なのだから。

大嫌いな人、苦手な人への対処法

大嫌いな人、苦手な人というのは、

自分に「こうはなりたくないな」を見せてくれている。

いわば、**反面教師。**

自分は大事な人に対して、彼らのように振る舞うのを止めればいいのだ。

彼らを好きになんてならなくていい。

だけど、感謝は出来る。

「反面教師となって教えてくれてありがとう」と…。

また、過去に嫌な仕打ちをされたとしても、時が過ぎれば、

今は、もう別人なんだよ…。

「で、ない人」の自由を認める。

「で、ない人」が「で、ないコト」をする自由が、この星にはあるから。

自分は人をほめるようにしているけど、
人の悪口をバンバン言う人もいる。
自分は美味しくなくても「マズい」なんて言わないけど、
「マズいな～！　コレ！」なんて平気で言う人もいる。
自分とは価値観の違う「で、ない人」は、この星に沢山いる。
この星は、多様性の星。
「で、ない人」を正すことなく、自分はジブンであればいい。

権力、権威、肩書きなど抑止力（威圧感）を手放し、とことん愛で接する。

[redacted]

お客さんからのクレーム、
ご近所さんからの文句など
反対するエネルギーに対処する時に、
上辺だけの、その場しのぎの
応対をするのではなく、
本気で謝り、そして、感謝する。
とことん愛で接する。
敵意に対して敵意ではなく、
敵意に対して愛で接する。
謝るとは、負けを認めることではなく、
相手を思いやること。

[redacted]

ティブ

ココロに届く
マスコミュニケーションへ

chapter2

クリエイの和法

第二章

企画、立案における和法実践
（特に広告において）

世間と和す。

広告は、
紹介でもなく
説明でもない。
ましてや、
説得でもない。

説明されても興味が無ければスルーされる。
さらに説得なんてされるとウザく感じる。
人は、説明や説得ではなかなか動かない。

人は、感じて動く。

人は「体験し、感動する」ために生まれてくる。

人は、理屈で動くのではなく、感じて動く

「感動」は、態度変容、行動変容を生む。

だから、人は、「感動」にお金を払う。

一人、五万円の江戸前鮨屋さんの予約が
なかなか取れなかったり、
人気のミュージカルのチケットが取れなかったり、
人は「感動」にお金を払うのだと思う。
だから、広告も絵本も映画もドラマもインスタも、
そこに「感動」が必要なのだと捉えている。

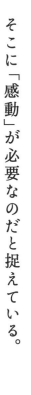

その商品に、そのサービスに「感動」はあるか?!

その広告、その作品に「感動」はあるか?!

いつ、何時、
企画のオファーが来ても
瞬時に企画を出せるように
沢山の名作映画、ドラマ、演劇、
広告、アートを体感しておく必要がある。

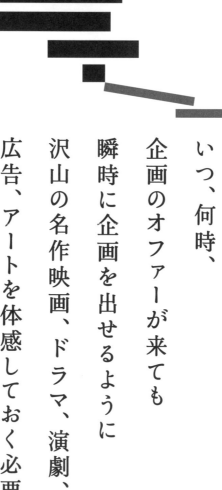

なぜ、その作品に「感動」したのかを
自分なりに突き詰めておくのだ。

感動体質のススメ

感動のアイドリング状態でいる。

では、人は、その作品の何に感動するのか。日本人が大好きな名作に「感動のツボ」を探る。

◎『忠義』にココロ震える。

↓「忠臣蔵」

◎『団結』みんなでチカラを合わせる！にココロ震える。

この国は地震、台風、火山など天災が多い。

だから、助け合わないと生きてゆけない。

↓「七人の侍」、「桃太郎」、「サイボーグ009」

日本では複数ヒーローものが受ける。

◎『無常感』にココロ震え、涙。
↓「東京物語」人生に常なるものは無い。↓『切なさ』は、この世の醍醐味。
◎『自己犠牲』↓『利他愛』↓『無私』にココロ震える。
↓「男はつらいよ」シリーズ、チャップリンの「街の灯」
◎『変身』にココロ震える。
人は変わりたい。本当のジブンに変身したいのだと思う。
↓ウルトラマン、仮面ライダー
◎『全力』にココロ震える。
↓「クレヨンしんちゃん　嵐を呼ぶモーレツ！オトナ帝国の逆襲」
いつもはアホなしんちゃんが変貌！全力を出す！(涙)
◎『人間味あるユーモア』にココロ癒される。
↓チャップリン、「男はつらいよ」シリーズなど。

その商品は、その人の人生を
いかに幸せにできるのか？
そのサービスは、
いかに人生を幸せにできるのか？
を見つけ出す。

クライアントは、売れそうだから商品を出したり、
売り上げのために サービスを開始したりして、
実は、その商品、サービスに込められた
「愛」に気づいていないことがある。
そんな時、クリエイティブディレクターが
それを見つけてあげればいいのだ。

この世に必要のない商品はない。
この世に必要のない花は咲かない。

商品と人を
企業と人を
「愛」でムスぶ。

広告は「ムスビ」である。

ボクの会社の名前である「ダイコク」も縁結びの神様です。

企業に自信を、
社員に自信を。
それも広告の役割。

「自信」が現実を動かす。
企業においては、自社への自信、
「自社LOVE」が欠如していると
成長することは見込まれない。
企業広告の役割は世間への
自社アピールに留まらず、
社員のモチベーションを
アップさせることでもあると
ボクは常に考えている。

人事部にも出来ないことを
広報、宣伝部が可能にする。

直感で企画する。

ぼーっとするススメ 余白に時間をとる。

モーツァルトやベートーベンは庭などを散歩している時に
楽譜が頭の中に降りて来たという。
P・マッカートニーは作曲する前に
夢で「イエスタデイ」を聴いたという。
S・ジョブスは、直感のみを信じろという。

プレゼンでも現場でも
直感を優先させる。
予定になくても直感で
アイデアが湧いたら実行に移す。

考えないススメ

思考は過去のデータに基づいて
アレコレ考える行為。
なので、過去を越えることは出来ない。
直感は、今と未来をムスぶ。
直感は、ボクと大我をムスぶ。

eeee

Don't
think!
Feeee

AだからBになりCになりDになるという思考ではなく、直感でいきなりDを出す。

そのためにはイライラせず、
常にリラックスし、
脳波をα波以下に
しておくのがいいらしい。

イライラしないコツは、
「全てのモノは中立」だとし、
「全肯定すること」が効果的である。

人は、悲しいから泣くのではなく、
泣いていることで、悲しい気分になる。
どうやら情報は、
無意識→身体意識→意識の順番で
伝達されているようだ。

意識や脳に訴えるのではなく、

無意識（魂）に訴えるクリエイティブ。

「感動」は、無意識（魂）から生じる場合がある。

無意識に訴えるコミュニケーション

そこにマウントシャスタが映っていれば、
人は無意識に（身体意識で）聖地の波動を感じる。
本気で泣いている人を見れば、無意識のうちに共鳴している。
脳に訴えるだけでなく無意識に訴える作品を創るといい。
名作と言われるモノは、ここに属することが多い。
ターゲットは無意識であり、
身体意識であり、潜在意識であり、魂。

人生で一番、辛かったことはその人の財産。

とてつもなく辛かったこととか、
とてつもなく嬉しかったことって、
きっと、生まれてくる前の
青写真にあるのだと思う。
要するに、今世のテーマ…。
だから、そのことをテーマにして、
企画すると、
とてつもなく高いエネルギーの
作品ができあがる。
それは、その人からの
心からのメッセージになるのだと思う。

企画には、自分を赤裸々に表現する。

その企画に、自分はいるか。

人生は、自己表現だ。

真似するな。
カッコつけるな。

ss
elf!

普段、ボクらは世間体を意識したジブンを装っている。

言うなればカッコつけている。ええ格好している。

それを取っ払って、ココロで話す。

本当のジブンになって、赤裸々に語る。

そうすると伝わる。相手のココロに響く。

コミュニケーションでは、この真の己（真我）と和すことが大切。

Expre

yours

集合意識は今、分離から統合に向かっている。

一九四五年、第二次世界大戦終結により
世界レベルでの分離行動は、
マクロで見ると統合へと向かっている。
ベルリンの壁の崩壊、ＥＵ統合、
日本では市町村合併、巨大企業同士の合併などなど。
そんな時代の真っ只中では、他者と比較したり、
他社を揶揄したりするような広告、表現は、
多くの人類のココロには響かないと思っている。
卑下していたものを讃えたり、
拒否していたものを受け入れたり、和する表現が、
今どきはココロに響くとボクは思っている。

過去において、
ヒットした商品、
キャンペーンの
ケーススタディを
真似しない。
むしろ外す。

「文明は、無知を既知にするために拡がっている。」だとするならば、
過去のケーススタディは、もう人類として経験済み。
人類は、それ以外の方法論を経験したいハズ。
ヒットさせたいのなら、まだ他が、やってないことをトライしよう。
ボクは、そう思っている。

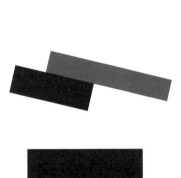

言霊《ことだま》
（言葉の持つエネルギー）

音霊《おとだま》
（音、音楽の持つエネルギー）

形霊《かただま》
（形、フォルムの持つエネルギー）

色霊《いろだま》
（色のエネルギー、メッセージ）

数霊《かずだま》
（数のエネルギー、メッセージ）

言葉は主に脳に訴えるが
音楽、メロディーは無意識に訴える。
前方後円墳、火焔型土器などは、
あの形が無意識に訴えかけてくる。
青や緑色を見ると落ち着いた気持ちになったり、
奇数に「動」を感じたり、偶数に「安定」を感じたり、
我々は無意識のうちに感じている。

喜びの輪廻《サイクル》を生む。

いいプレゼンをする↓クライアントさんが喜ぶ
↓代理店の営業スタッフが喜ぶ↓ボクも嬉しい
↓ヤル気になる↓いい広告ができる
↓クライアントさんがさらに喜ぶ↓営業スタッフもさらに喜ぶ
↓オンエア、公開される↓世間が喜ぶ
↓クライアントさんはさらにさらに喜ぶ↓営業スタッフもさらにさらに喜ぶ
↓次もまたボクと仕事をしたくなる↓ボクはさらにさらにヤル気になる！

chapter3

在り方の

和法

本当のジブンによる
コミュニケーションへ

己と和す。

第三章

日々の在り方における和法実践

他人のドラマに関わらず、
自分のドラマを生きる。

お母さんがキミに〇〇大学へ行くように言っても、
それは、お母さんのドラマ。
キミが高校卒業後、海外へ行きたいなら、そうすればいい。
それがキミのドラマ。
キミの今日の服装をくそみそに言う人がいても、
それは、その人のドラマ。
キミが気に入って着ているのなら、他人の意見（ドラマ）なんかに
振り回されず、堂々と着ていればいい。
それがキミのドラマ。

ゴシップを言わない。噂話をしない。

ゴシップを話すことも、噂話をすることも、
他人のドラマに自ら関わること。
そのエネルギーをしっかり自分のドラマに注ぐといい。
ゴシップを言わなくなると、噂話をしなくなると、
ジブンの人生はクリアになる。

憶測しない。

「こんなコトを言ったら、へんな奴だと思われるかな？」

「こんなコトを言ったら、出来ない奴だと思われるかな？」

憶測は幻想。

自分の心の中の恐れが創り出した妄想。
他人の目を気にして言わないで後悔するより
言いたいコトを言って後悔する方がマシ。

この世の全ては、中立。

目の前のコップに水が半分入っているという
中立な事実がある。それに対して
「コップに水がまだ半分も入っている！」と喜ぶのか、
「水が半分しか入ってないじゃないか！」と怒るのかは、
ジブンの観念次第なのだ。

この世の全ては中立であり、
それに対して意味づけをしているのは、
ジブンの観念なのだ。

コップに水が半分入っているという中立な事実に対して…

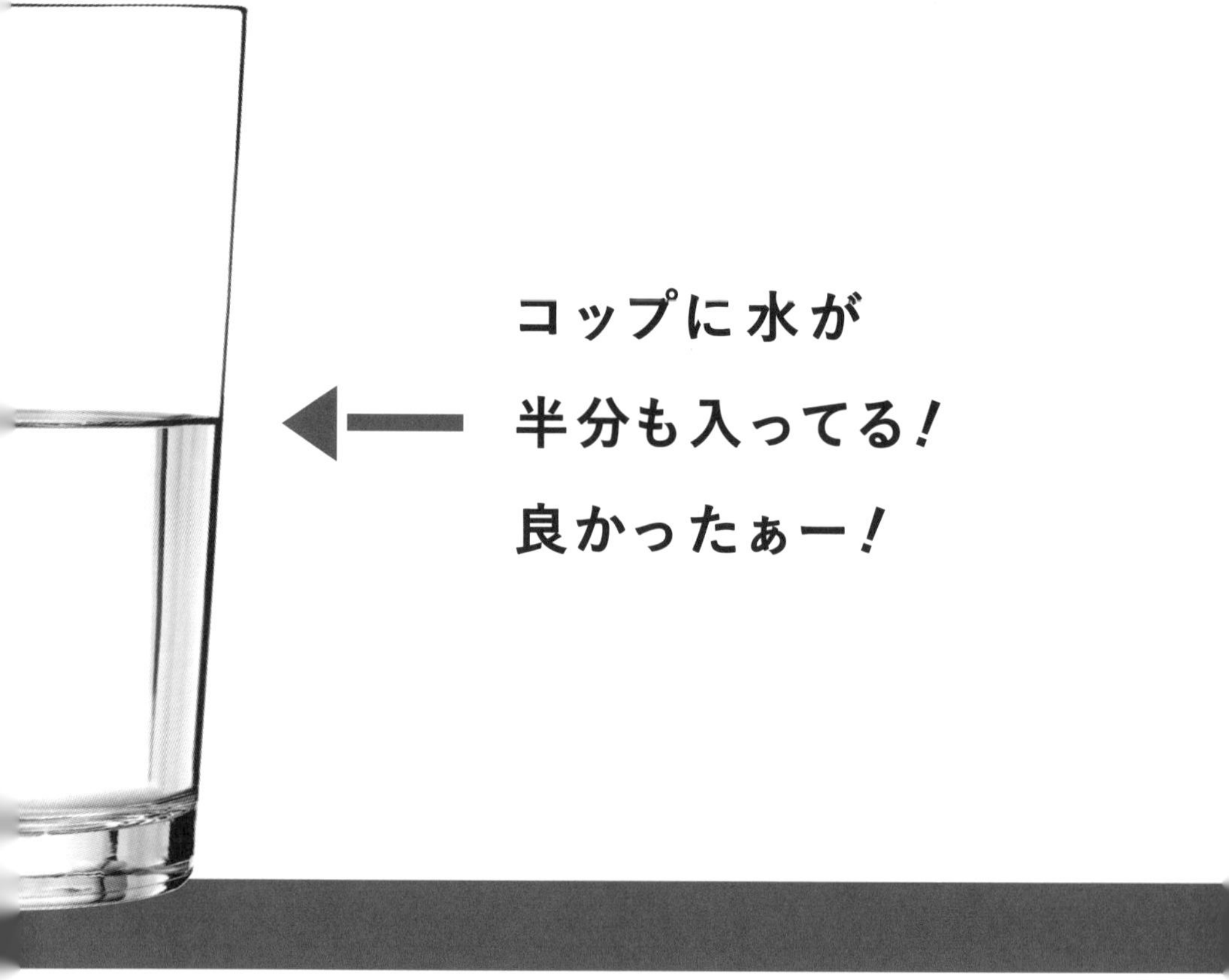

コップに水が
半分も入ってる！
良かったぁー！

It's up to you!

《この世の全ては中立》

コップに水が
半分しか入って
ないじゃないか!

どう捉えるか?!で、
湧いてくる感情が異なる。
怒りか? 喜びか?

この世は
ジブンの定義に
過ぎない。

ということは、
他人の発言も上司のアドバイスも
母の小言も全て中立。
それに対して、ムカつくのか喜ぶのかは、
その人の観念次第なのだ。
だったらボクは
全てを肯定する。

全てを肯定する。

肯定することで、全てと和する。

肯定からは肯定が生まれ、
否定からは否定が生まれる。
自分のドラマで起こる全ての出来事を
肯定するコトで、次の肯定が起こる。
なにせイライラしなくて済むのが
カラダにもいいのだ。
いちいち否定していると
イライラが続き、カラダにも良くない。

これで、いいのだ。

愛するバカボンのパパの名言であり、
全肯定の極意。

一見、残念なことも
一見、失敗と感じることも
必要だから、起きている。
そこで何を感じ、何に気づくかだ。
その出来事は、

必要で必然

と捉えることにしている。

to you!

この世は、キミの観念次第！
この世は、キミの定義に過ぎない！

It's up

人生は選択の連続。

ワクワクで、

選択する。

親が喜ぶからとか、波風立てたくないからとか、
他人の目を気にして選択するのではなく

ワクワクで選択する。

ワクワクは、ジブンの道先案内人。
どんな小さな選択でも
ワクワクで選択し続けていると
もっと大きなワクワクにつながってゆく。

「恐れ」を手放そう。

ビジネス、恋愛、人生において、ブレーキとなっているのは「恐れ」。
ワクワクするのにやらないのは「恐れ」や「心配」が
ブレーキになっているから。
「恐れ」には実体がない。「恐れ」は幻想である。
恋愛、受験、人間関係、「恐れ」にも色々あるが
「恐れ」のラスボスは「病気、死に対する恐れ」。
病気、死を否定せず、
病気、死に対する定義を変えてみてはどうだろう。

病気はメッセージ。

「休んだ方がいいよ。」
「考え方を変えた方がいいよ。」
「嫌なら辞めちゃいな。」などなど、
知らず知らずに無理をしていると
病気になって教えてくれる。

この世には、終わりがあるから頑張れる。
受験勉強も終わりがあるから、ヤル気になれる。
終わり（期日）が無いと、ダラダラしそう。きっと人生も同じ。
死という終わりが無いと本気にならないのかも知れない。
死は、あの世への帰環。魂の里帰り。
生まれて来る前の、状態へ戻ること。
と捉えることもできる。

人は、終わりがあるから頑張れる。
人は、死があるから生きてゆける。

たった一度の人生ならば、やってみてはどうだろう。
体験し、感動し、それを土産に人は、故郷へ帰る。

自分の価値を認めれば認めるほど
自分評価を高めれば高めるほど
豊さは入って来る。

（お金、仕事、情報、出会いetc.）

他人が自分をどう言おうが、
何と思おうが自分の人生は変わらない。

「自信」が行動を変えるのだ。
「自信」があれば何でも出来る！
「自信」があればどんどん出来る！

燈
献

chapter 3

《日々の在り方における和法実践》

―― 自信をつけるために、ジブンと和する ――

自分をほめてあげよう。

どんな小さなことでもいいから
自分をほめてあげよう。
なかなか自分をほめられない人は、
周りのもの、周りの人を
ほめてみよう。

周りをほめることは、実は、自分をほめること。

周りの人をほめているうちに
だんだんとほめ上手になっていく。
周りのものの良い部分が
すぐに見える人になる。
そうしていくうちに、自分の良いところが
見えてくるようになる。
例えば、時代や場所、そして国をほめてみてはどうだろう。

本当に
いい時代だね。

戦争もないし、医療も発達したし、
口減らしもないし、食べるものもあるし。
世界のどこかの国の話ではなく、
自分の周りを見てみよう。
よく見ると感謝にあふれていないだろうか。

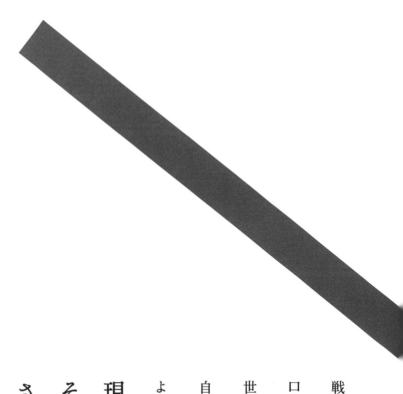

現状に感謝できる人は、
その波動が拡がって、
さらに感謝な出来事が起こる。

時代に感謝すると、時代が味方になる。

本当にいい街だよね。

ロケに行ったり、出張したり、
引っ越したら、その土地をほめる。
その土地のいい所をみつけて、その土地をほめる。
これを**国ほめ**と言う。
国ほめをすると、その土地がジブンの味方になる。

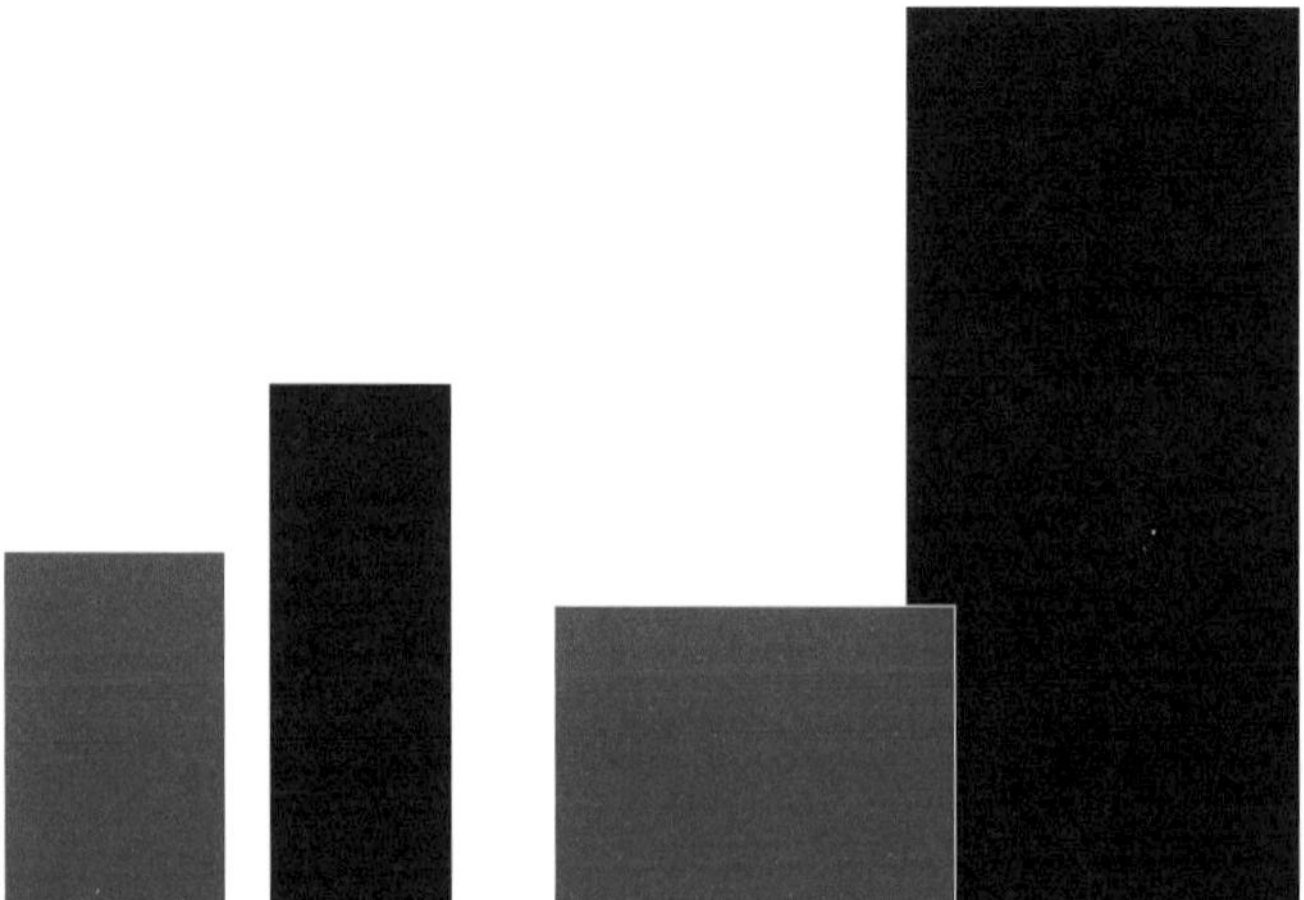

本当に
いい国だよね。

ボクは日本が大好きだ。
平和だし、礼儀正しいし、優しいし、文化も深いし、
海幸、山幸、美味しいし、戦争もないし。

どこをどう見るかで
好きにもなれるし、
嫌いにもなれる。

それぞれの国に、それぞれの良さがある。
この星は多様性の星。
ボクは地球も大好きだ。

現実とは、
ジブンの心の反映である。
現象化したアナタ、
「現象我」である。

生け花が、人のココロを映すように。

フィルムに光をあてるとスクリーンに
物語（現実）が映し出されるように、
魂の記憶や観念に
命というエネルギーが
注がれると現実が生じる、と捉えてみる。
目に映るものは、全て自分の心の反映。
目に映る人は、全て自分。
その人の大好きなところは、
自分の大好きなところ。
その人の大嫌いなところは、
自分の大嫌いなところ。

《観念がネガティブな場合の現実＝現象我》

万物を生成するエネルギーが、ボクという映写機（観念、信念）に投影され、現実というスクリーンに映し出される。

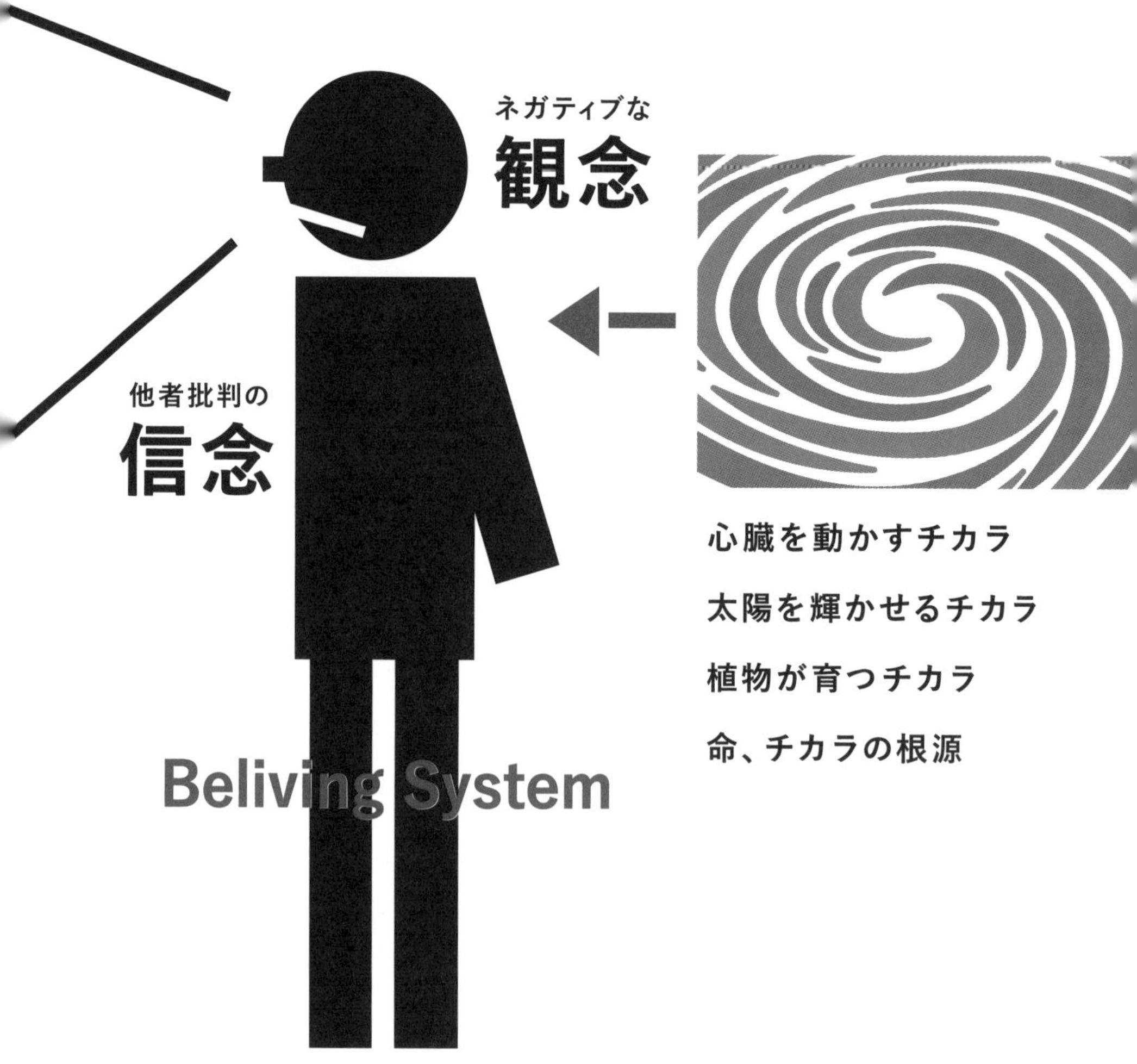

《現実というモノの捉え方》

ということは、出来事に対して

「なぜ、それが起きたのか? なぜ、そのような感情が湧いたのか?」

を探ることで、己の観念、信念を見つけ出し、

書き換えることによって現実が変わりはじめる。

代表的な例で言えば「世の中なんて○○さ…」

という思い込みが「○○な現実」を創り出している。

《観念がポジティブな場合の現実＝現象我》

万物を生成するエネルギーが、ボクという映写機（観念、信念）に投影され、現実というスクリーンに映し出される。

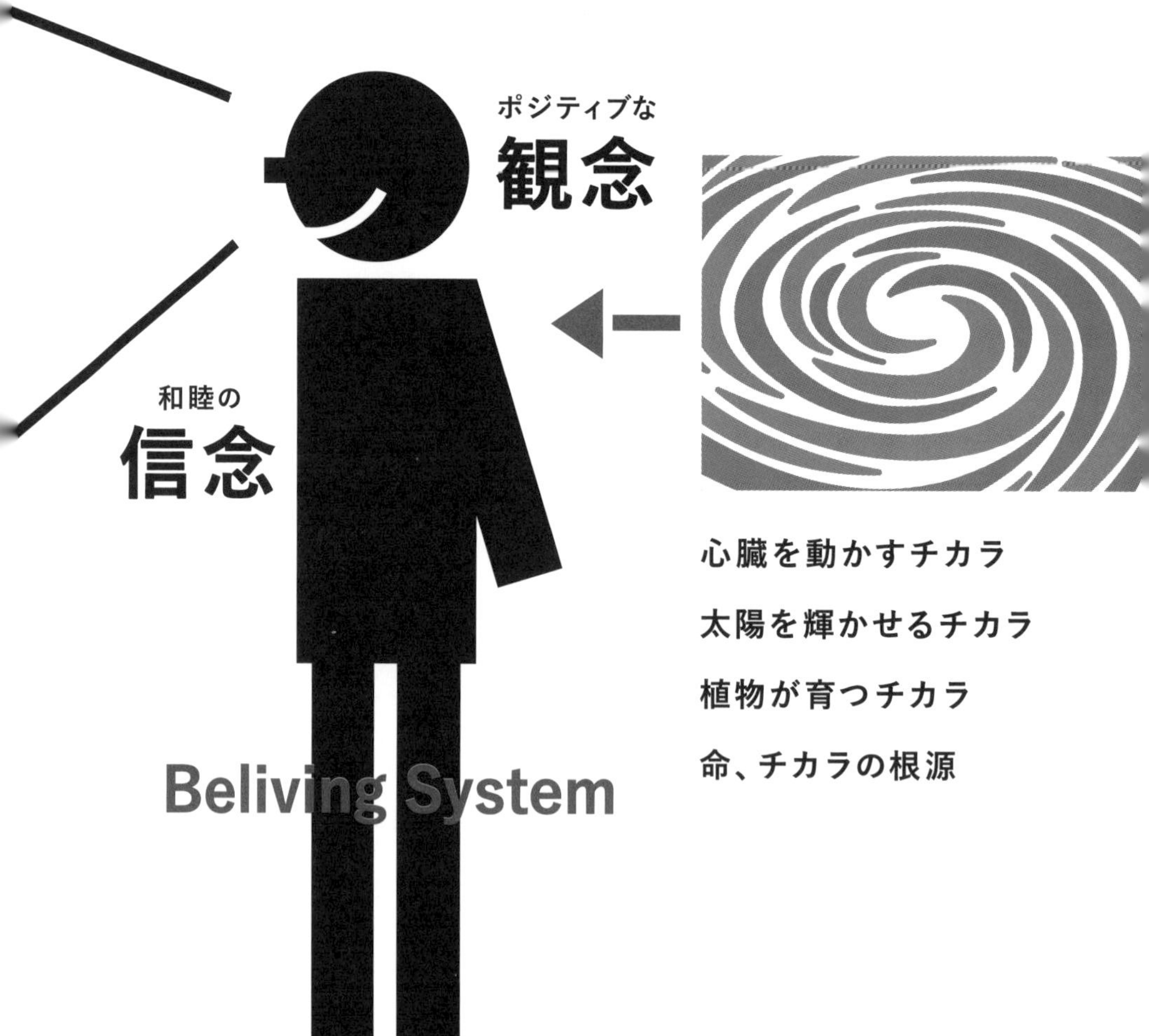

《現実というモノの捉え方》

思ったよりも現実はしなやかで、
自分の観念（信念）を変えることで、
感情の湧き方が変わり、
現実が変わり始める。
つまり、自己変革することで、
現実を変えることができる。

とある有名な銀座のママは、

「お店で働く女のコもお客さんもみんな好き！」と本気で言う。

現象我である全ての他人を愛している。

ということは、**自分を愛している**のだ。

自己肯定感が高いからこそ、現象我（現実）を

愛することが出来るのだ。

同様に、人を疑ってばかりいる人は、
自分を疑っている。

世の中や他人など、周りのことに
不平不満を口にしている人は、
今の自分に不満であり、
自己肯定感が低いのだ。

「自分は、
どうありたいのか？」
日々、意思を持ち、
しっかりと選択する。

人は、話すコトバのような人になる。
人は、食べるモノのような人になる。
人は、いつも居る場所のような人になる。
机を整理すれば、ココロが整理される。
部屋を掃除すれば、ココロが掃除される。
そう、「現象我」は自ら選び、変えることができる。

絶対、大丈夫の境地。

宇宙は規則正しく運行している。
その宇宙の中のひとつの星である地球も、
規則正しく回っている。
その地球上のひとりである
ボクの運命も規則正しいハズだ。
何が起きてもジタバタしなければ
必ず上手くいくハズだ。
ジブンの運命を信じてあげる。
そして、そこには「やすらぎ」が生まれる。

世の中を平和にしたければ
己が戦わないこと、
己が平和になりきること。

打ち合わせで、よく人とぶつかってしまう…。
日頃、親と口論になる…。
苦情を言いたくなることによく出くわす…。
そんな人は、自分とは違う価値観の
「で、ない人」を否定しがち。だから、ぶつかる。
地球は多様性の星。
「で、ない人」の自由をまず認めると、
ぶつかることがなくなる。
己のココロの内にある「闘争欲」が薄れてゆく。

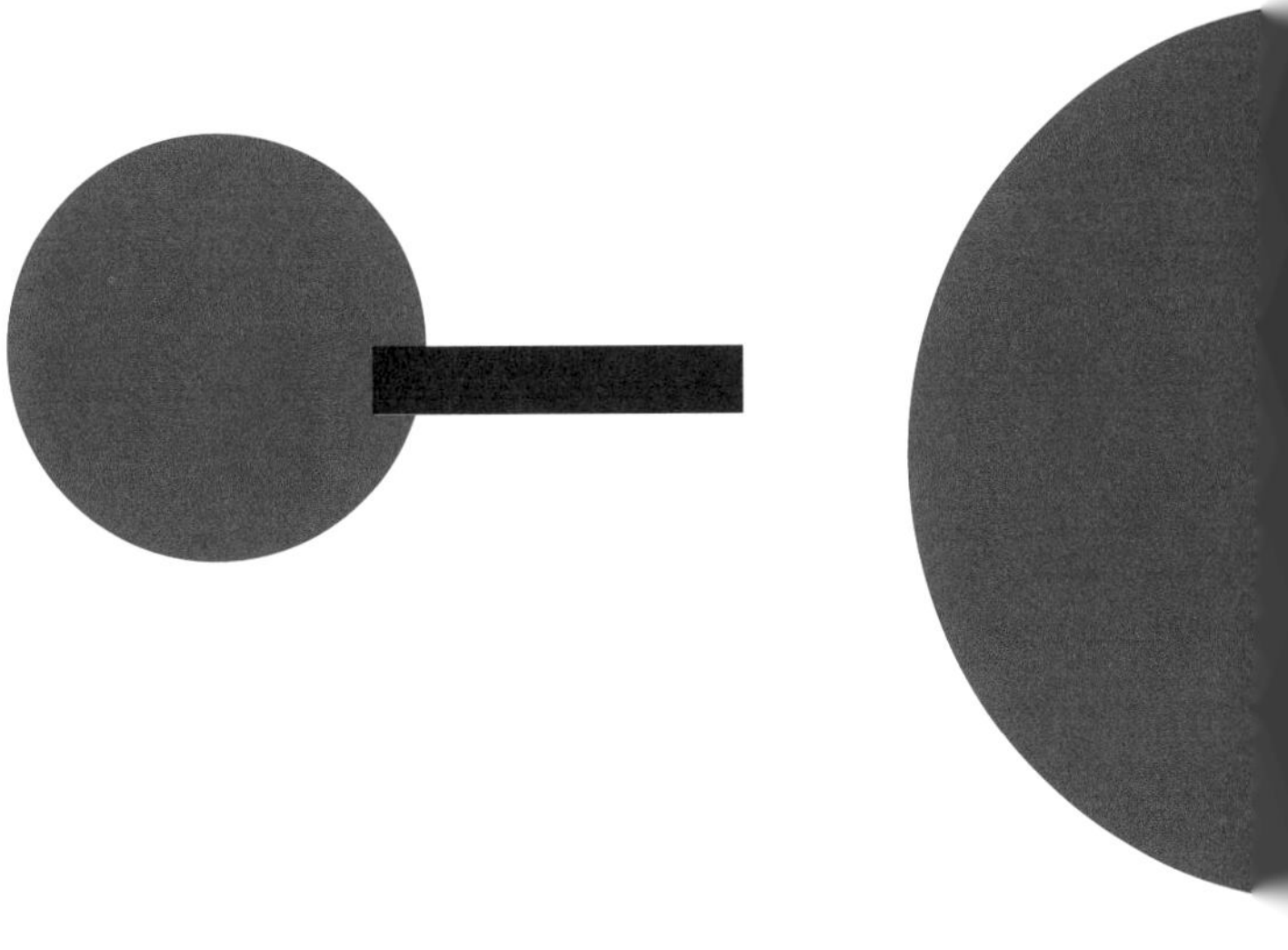

とことん愛でいる。

とことん相手に愛で接することは、
とことん自分に愛で接することだから。

最後に、愛は克つ。
そして、愛は和す。

和を以って貴しと為す。
和法、それは「ムスヒ」の法。
異質なモノがむすばれて
新たな変化を生み出す
この国の知恵。

人は、むすばれて幸せ。
ココロとココロがむすばれて幸せ。
企業と人がむすばれて幸せ。
人は、むすばれて生きてゆく。
人は、ひとりで生きてゆくのではない。
たくさんの人、たくさんのモノと
むすばれて生きてゆくのだ。
人は、むすばれて幸せ。
和して幸せ。

人は、コミュニケーションしながら生きてゆく。
長い長い道のりを生きてゆく。
相手と和して、相手の気持ちになれれば
気の利いた言葉のひとつも言えるだろう。
世間と和して、世間の空気を感じることができれば
大衆のココロに届く言葉のひとつも言えるだろう。
己と和して、本当のジブンになれれば
ココロからのメッセージを届けることもできるだろう。

もう、敵をつくるのを止めよう。
みんなを味方にしてみよう。
見方を変えれば、味方になるから。

令なる和を以て生きるこの時代、
令和を生き抜くリーダーたちへ。
令和に芽吹く全ての命へ。

和して無敵のコミュニケーション法

『和法十則』

ボクが30年以上、

お世話になっているカフェです。

ここは、日本のカフェ文化の原点。

ボクの企画の多くは、

このカフェで生まれています。

感謝。

《Special thanks》

J-cook

東京都渋谷区神宮前3-36-26
Tel.03(3402)0657

サトー克也

クリエイティブディレクター
ダイコクInc.

1963年7月9日 東京都豊島区に生まれる。
1987年 慶應義塾大学法学部政治学科卒業
2007年 ダイコクInc 設立（第一企画→ADKを経て）

アドフェスト（アジア最大の広告賞）シルバー & ロータス・ルーツ賞（日立マクセル「ずっとずっと。正調弥三郎節」）

ACCグランプリ・総務大臣賞、ACCジャーナリスト賞（日立マクセル「ずっとずっと。新留小学校」）

カンヌ国際広告祭銀賞（日立マクセル「タイムカプセルプロジェクト」）

ACC賞（日清食品「出前一丁」3年連続受賞、白子「お茶漬けサラサラ」）他

電通賞優秀作品賞（日立マクセル「大人になったジブンへ」）

消費者のためになった広告コンクール金賞（日立マクセル「大人になったジブンへ」）

ギャラクシー賞（日立マクセル「大人になったジブンへ」、パイオニア「PURE VISION」）

IBA（日清食品「どん兵衛」、パイオニア「PURE VISION」、久光製薬「フレッシング クリーム」）

ロンドン国際広告賞（日清食品「どん兵衛」、日立マクセル「ずっとずっと。大関栃東」）他多数受賞

大塚食品　クリスタルガイザー

三井不動産

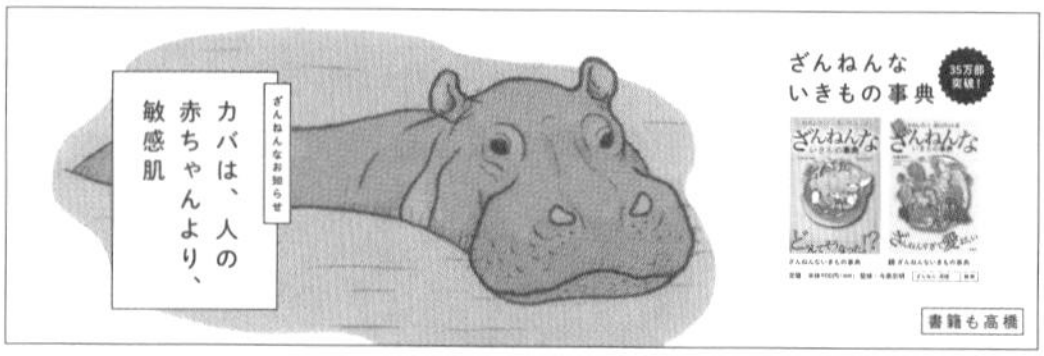

高橋書店　ざんねんないきもの事典

三井不動産リアルティ　三井のリハウス

大阪ガス　キャンペーンコピー開発

東京メトロ　すすメトロ！　Ⓒ藤子プロ・小学館・テレビ朝日・シンエイ・ADK

コスモ石油　ココロも満タンに

日清食品 出前一丁

ずっとずっと。マクセル DVD

日清食品 出前一丁「出前一家」シリーズ　　ACCシリーズ部門、他 受賞

日立マクセル DVD「ずっとずっと。新留小学校」篇　　ACCグランプリ、総務大臣賞、他 受賞

早稲田アカデミー「15のキミへ」篇

【刊行の想い byエッセンシャル出版社】

令和。平和。調和。「和」の国ニッポン。

今、私たちは、「和」の本当の意味をどれだけ理解しているだろうか。

本当の自分と調和していくこと、それが世界に平和をもたらすこと。

自分を大切にすること、それが周りも大切にしていくこと。

自分と喜びを分かち合うこと、それが社会に喜びを生み出していくこと。

「自己と和す」、それは、「相手と和す」「世間と和す」へとつながっていく。

この現実は、全て自分が創造しているのだから。

人々が「和」を生きられますように。

「和法」～和して無敵のコミュニケーション法～

2020年2月4日　初版発行

著　サトー克也

発行者　小林真弓

発行所　株式会社エッセンシャル出版社
〒103-0001 東京都中央区日本橋小伝馬町7-10
ウインド小伝馬町Ⅱビル6階
TEL:03(3527)3735　FAX:03(3527)3736
URL:https://www.essential-p.com/

デザイン/装丁　棟方則和
編集制作　小林真弓
磯尾克行
渡辺享子
明石　肇
宮本知香
小林彩加
衣川綾夏

印刷・製本　株式会社シナノ

ISBN978-4-909972-06-4 C0095